Malú Urriola

CADÁVER EXQUISITO

EDITORIAL CUARTO PROPIO

Esta obra obtuvo la Beca de Creación del Fondo Nacional
de Fomento del Libro y la Lectura 2014.

CADÁVER EXQUISITO

© Malú Urriola

Inscripción N° 232.444
I.S.B.N. 978-956-260-959-3

© Editorial Cuarto Propio
Luis Uribe 2435, Ñuñoa / Santiago de Chile
Teléono: (56-2) 27926518
Web: www.cuartopropio.cl

Diseño de Colección: Editorial Cuarto Propio
Edición y diseño: Rosana Espino
Imagen portada: *Las Tentaciones de San Antonio N° 11*,
Mauricio Garrido

IMPRESO EN CHILE / PRINTED IN CHILE
1ª edición, septiembre de 2017

A mi madre

Se sienta a la mesa y escribe
"con este poema no tomarás el poder" dice
"con estos versos no harás la Revolución" dice
"ni con miles de versos harás la Revolución" dice

Juan Gelman

Sí, de hecho es una noche clara, yo diría que casi implacablemente clara.

Anne Carson

Poesía regresaste.
Ha sido un infortunio esperarte.

Me he tumbado por la vida sin sentido.
Los caminos sin ti, no son caminos.

Los cielos se vuelven sordos.

Las piedras no brillan,
ni los iris de las cámaras de seguridad son de diferente color.
Ni la noche perfuma, ni el sol deslumbra,
ni las puertas abrigan.

Todo es un ir y venir atolondrado,
una pérdida de tiempo larvario,
un bullicio de vida,
una reja sin ríos,
una ausencia marejada,
una niebla sin camino,
una estrella
flotando
dentro de una ampolleta.

Los ciruelos se entregan a la ventisca, deshojándose en cientos
de pétalos que el viento arrastra por el suelo, para mostrarle a
estos ojos míseros la fugacidad de ser.

Quienes segundos antes temblaban en los albores de la brisa,
ahora se arrastran.

El asunto de la poesía, es un asunto del principio y del fin.

Estoy escribiendo un libro que parece ser.

Que comienza a emanar como un río, una nueva rama de una planta creciendo imperceptiblemente en tu casa, la hoja de un árbol cayendo, un cadáver en una bandeja de la morgue, una bolsa que flota en el vacío. Digo vacío para nombrar un poblado de edificios, de cables, de ventanas, de antenas desoladas, de ropas y de rejas donde nadie se conoce.

Digo vacío como se dice infinito, como fin de mundo.
Digo que haría cualquier cosa para poder leer este libro y saber qué es ser.

Te lo digo como un cactus del camino del alma, revestido de largas espinas.
Te lo digo con una flor salvaje y roja, de corona, que sólo podrías tomar, sin tocarme.

Para que tú existas debe haber un afuera y yo soy toda adentro.

Mientras Billie Holiday canta llévate todo de mí, con la cadencia con que la locura entra en una casa vacía, recordé otra noche y otra casa, donde las palabras como esporas de luz se dispersan como se disemina la memoria de la ferocidad, como las marchas cuando tratan burdos de emular a la lluvia para ahuyentarlos, pero son ácidos como lo que sienten las escaleras al lamer zapatos. La muerte también está mirándolos, pero parecen no saberlo.

¿Sabías que viajamos
en una estrella fugaz?

Por eso le tememos tanto a la muerte.

¡Mamá! ¡Picasso!

El creacionismo i$ Death

Las palomas picotean las semillas de este viejo aromo.

Unos niños ignorantes de la pesadilla humana,
se balancean en el paraíso de la crueldad.

En el asiento de enfrente una pareja se besa con la voracidad
de quienes van a perderse.

Secan sus labios al mismo tiempo, con la misma mano, el
mismo gesto de quienes ya se han perdido.

Ella dice: es la despedida. Y sus ojos comienzan a marcharse.
Recoge su abrigo y se ausenta, como se larga el futuro sin
volver la vista.

Él ha detenido la mirada sobre unas cuantas semillas del viejo
aromo sin comprender el sentido del desprendimiento.

La mujer del pasado se cruza con una anciana en silla de
ruedas, empujada por una pulcra enfermera de cofia y pantys
blancas donde rebota la pelota de un chico, a quien su madre
le tironea la oreja.

La enfermera se agacha a examinar su tobillo, y clava sus ojos
en los míos.
Tengo una cicatriz de cruz del sur, que me resplandece
—le digo, de ojo a boca—.
Pero la enfermera levanta los suyos asépticos y los lleva al
frente.

Con la frialdad de los obreros de la salud, empuña sus manos
en las manillas y empuja a la anciana que fija sus ojos en las
palomas que han emprendido el vuelo, y así tan volando, se
marchan las cosas de esta vida.

Tengo una sed de vientos que se golpean contra las costillas,
los intestinos, los ojos, las tazas, los platos, la cama.

La dejo irse de mí, la dejo convertirse en un punto lejano que
terminará por desaparecer, como se desvanecen casi todas las
cosas que alguna vez amamos y otras que jamás llegaremos
a conocer.

La pasión siempre ha llenado de flores mi casa.
Digo pasión como se dice viento.

¿Te acuerdas del *sexys bar*?
Y de ese transformista del Barón imitando a Juan Gabriel
y del poeta misógino hablando de su antología
que, con suerte, leerá la mujer que lo mantiene.

Hace calor y mi cuerpo recuerda ese poema de Constantin,
mientras comparece el aroma de un ramito de gardenias que
vende un niño, explotado por todos nosotros,
esta húmeda y calurosa noche en Guadalajara, México.
En la habitación 607 del Hotel Fénix,
cuando Juan Gabriel termina de cantar querida.

Los puntos cardinales son dos = El sur

La poesía no es una mujercita esperando sus palmaditas en
el trasero, ni cánticos de alcohólicos vociferantes
con imágenes mendigas que no superarían a Wilms Montt,
ni versos pederastas que cantan a las minifaldas de las
muchachas, ni gritos desgarrados por un mundo que los
olvidó en un bar.

Ni por más obscenos, vanguardistas,
ni por más desnudos, performancistas,
ciertamente
cuanto más misóginos, más siervos
y cuanto más doctos, más dóciles.

El yo contra la vida
ha sido inútilmente desgarrado hasta el hartazgo.

El futuro acontece imprevisiblemente.
Ningún control
de los hechos pasados o por venir
en el sendero de la *poiesis*.

Sino consigue la gloria de una elite más triste que mil mudos,
no apoltrone sus versos en cosas que se pondrán amarillas.

El asunto de la poesía es emanación.
Si se distrae, se quita la vida una estrella.

Un poeta le recitó en la oreja a la noche que la palabra vacío
era él.

Enunció la primera persona yo en vez de las palabras mar,
peces, vuelo… cielo… otro, vacío, aikú, larismo, barroco, y
una mar de cosas que existen donde nada existe aún.

Lo que se ha amado regresa y lo que se ha dejado de amar
se recuerda como un perro se lame la cicatriz aunque pasen
los años.

Rememoras como un tetrapléjico cada una de las noches
que has amado.
Como animal recuerdas el sabor, el perfume con que fuiste
saciado y luego recuerdas a la muerte lamer tu boca con sus
ajados labios.

¿Qué diablos se sabe exactamente de la vida?

Tan poco. Pero se la ama.

Las mariposas son el recuerdo de la belleza.

vita brevis… arte longis…

Si una nutria se mirara en el espejo vería lo que yo veo.
El reflejo de una nutria no apto para pedantes, ni bellos genios.

La nutria goza del charco entre rejas, aunque extrañe el río,
como un perro goza ladrándole a las olas.

A los perros les seducen las cosas imposibles.

Por ello también pudiera ver yo un perro en el espejo
con la incerteza de no ser más que polvo de perro erguido
en dos patas.

La epístola de un sí mismo borrascoso y tragicómico
que persiste en el encomio
de entrenar los músculos para una vida fugaz.

Después de unas copas de vino,
y de esta vaga sensación de estar zozobrando
entre los días, pagamos la cuenta y salimos del bar.

La luna tenía la burlona sonrisa del gato de Carrol.

Al subir a su auto preguntó ¿dónde vamos?

Al mismo infierno dantesco –pensé– pero le contesté con
otra pregunta.
Así es que después de hablar de su jefe, del mío y las
horas extras regaladas a los bolsillos de otros aromos –que
comenzaban a reventar amarillos en esas muertas calles del
barrio alto, cercadas con corriente–.
Dejamos que la silueta de la cordillera recostada sobre la
noche, nos colgara en mitad de la boca una sed imposible de
saciar.
Y a intervalos dormimos y nos volvimos a besar infernales,
hasta que amaneció.

Fingí dormir hasta que despertó, o fingió despertar,
y entonces –como si fuese a decir aquella palabra
innombrable, pactada en el terror del silencio–
dijo, ojalá que gane González.

Cuando llegué a mi casa, el vecino, mientras barría la calle,
me contó que González ganó la medalla de bronce.

Desde esa soleada mañana, jamás volví a saber
qué diablos fue de su vida.
Ni quién carajo era González.

Detrás de ese bello cartel donde te ofrecen una vida de sueños,
se esconde la peor de las pesadillas.

Mejor sería que nos pase por encima un

Abro los ojos y está ese sonido que murmura en mi nuca como un canto que no cesa y que cuando cesa, tiembla.

Sueño y cuando sueño, otros habitan en mí. Y anido en otra casa, una casa que no conozco y que debo empezar a memorizar a medida que me adentro en ella. La casa tiene una escalera pero ignoro a dónde lleva.

Mi vida se ha dividido en cuanto a los elementos que han llegado a mis manos, primero fueron los huesos viejos de un árbol, el polvillo de una ala de mariposa, las esporas del polvo en la luz.

Ni siquiera escribo para ganarme la vida.

Leer es un delito, como robar en un supermercado. Te enviarán al infierno y se aprovecharán que eres menos que nada para saciar su avidez de todo.

Una ventana. A veces quisiese una ventana para volver la vista, para ver en las estrellas tantos ruegos, algunos se apagan en silencio, como mueren los ojos de los drones.

Yo Lírico ahí estás,
saludando a los viejos estandartes
de un partido al que la derecha le descalabró los dientes
y se los mandó a poner de oro.

Antes de ir a dejar el auto a tu casa.
Subir cuatro pisos por un poco de agua,
que me darás a beber de tu boca.

Una noche como esta, nos alumbramos tanto el cuero,
gemimos como una cajonera vieja al borde del abismo.

De eso, tan sólo el recuerdo que me frecuenta algunas tardes,
y este pistilo de flor aérea que se pulveriza Azul entre los dedos.

No olvidar ni un solo día que la muerte será la última en
besarme la boca.

Las cosas envejecen mi querido, Melville,
cada vez menos inquietudes conturban esta errática paz.

Las gaviotas se han echado en la arena a contemplar el mar
que es su negocio, de lo que saben y viven.

Y las olas con su yoyo de olas revientan narcisas de orilla,
que me quedo, que me voy.

Una nube apenas se atreve a rozar el mar.
Y un rayo verde nos enciende y apaga.

El firmamento se empeña en brillar –con fervor de critiquillo literario de pasquín de derecha– afinando un resplandor, más poderoso que el mejor acierto poético.

Por cierto.

Dudemos completamente de los aciertos.

Un acierto es un pavoroso disparate que será refrendado por peces más jóvenes.

Yo lírico por nuestra parte, no logramos imaginar más futuro que esa ola, que tratando de alcanzar las nubes cae rendida de arena.

HUBO
UN
RELÁMPAGO
DE
POR
MEDIO

DIGAN
LO
QUE
DIGAN

HUBO
UN
RE
LÁM
PA
G
O

Ah, recuerdos, vienen hasta acá y hacen que los papeles
vuelen,
que las palabras no alcancen
que se vuelvan insignificantes esta noche
que recorten las montañas más oscuras que el cielo.

Cae la aleta de un satélite que, antes de abrasar el pecho de
la tarde,
vuela incandescente como todo lo que siente este esqueleto
que, de una forma u otra, ya me ganó la muerte.

Un campo de viento se mece en los álamos, como me miraron
tus ojos cuando me contaste, como si nada, que Di Giorgio
no amaba a nadie.

Más que a la poesía –pensé– más que a la poesía.

Remember cuando me mostraste
The Compact Oxford English Dictionary
que había que leer con lupa.

Eran cerca de las 23 en Buenos Aires,
el aire tibio hacía hablar al jazmín.
Me leíste a Juana Bignosi y nos fuimos
donde un chico que licuaba un vodka con bananas y hielo,
bajo el halo fosforescente de la barra.

En la reiteración de una mala copia de Lynch,
una muchacha neutra,
con la mirada extraviada,
cantaba "esperando por un milagro".

Volvimos a tu casa, al *Oxford English Dictionary*,
y me dormí en tus brazos.

Ahora bajo en un taxi por Pueyrredón,
rumbo al país donde los poetas se odian.

La vida de un paraguas es lamer la lluvia.
La de una poeta, la vida.

No puedo negar que me dejó en los huesos.
Que nunca he sido más hermosa que estando a solas,
sobre este viejo colchón.

Que me son humanamente patéticas las tristezas de terno gris,
los apremios de ambulancias,
el sufrimiento *vacuist* del burgués,
el narciso del artista,
el negociado de la guerra, de la hambruna y de los ataúdes.

Cuando el día es fugitivo como la flor del cardo.

desvergonzada,
desagraviada,
desesperanzada,
desahuciada,
desestimada,
despreciada,
desalojada,
desgarbada,
descorazonada,
desambientada,
descentrada,
descalabrada,
desembarcada,
desmembrada,
destejida,
desvirtuada,
desusada,
desvalida,
desvalijada,
desvalorizada,
desvelada,

poesía.

Para vivir hay que tener huesos
que no teman hacerse polvo.

ESTRELLAS ALUMBRAN EL CIELO DEL
SUR
NOCHE
UN CONSONANT
PERDID DESORIENTAD
ATOLONDRAD
ILUSIONAD
ATIBORRAD
OPACAD
REVOLUCIONAD
ENTRISTECID
INCAPA
DE PERDE
LA COMPOSTUR
COM UN
HÉLIC
Q
CORT
EL
AIR

Atardece sobre el Pacífico.

El viento y las nubes han tejido un chal rosa.
Los pelícanos planean encima de la mar
para alejarse con el buche colmado de peces
que las redes no alcanzaron a arrastrar,
este atardecer en que el sol nos abandona
a la suerte, sin estrellas de la noche.

Mientras extrañas aquel amor que dejaste
y yo, en tus brazos, el que se acobardó de tenerme.

Lola Mora

La luna alunando la noche, refresca la fiebre de los días.

Retiene las mareas, despierta el mal humor de las fieras.

Tuvimos culpa de expiar el infierno e hicimos milagros para
ver a dios.

Girando como siempre el tiempo curvó la mirada hacia
nuestros ojos.

Y ciegas tratamos de ver el sol.

Pero eso duele, hay que cerrar los ojos.

¿Quién anda fuera? ¿Quién?

¿Quién anda ahí dentro?

En la pupila de los gatos se ve el mar

y la luna.

Un cuerpo astral pero verde

como un equilibrista danzando en la cuerda del vacío

y cae, cae, cae

al fondo aterciopelado de una caja de estrellas

sin luz, ni fuerza, ni ganas

cae porque caer es su pulsión de caminante

se levanta porque es cosmonauta eterna

porque el cielo le pertenece

y el agua

danza una mariposa en medio de nuestra alma

corre nuestro cuerpo de jabalí por la tierra buscando comida

vuelan nuestras alas de cóndores rozando la cordillera

de oeste a oeste.

¿Me decías de Lola Mora?

*Poema escrito a cuatro manos con Celeste Carballo.**

*   Cantante argentina. Una de las voces más importante del rock en español.

2 hombres topos cavan en medio del pavimento que meses
más tarde, volverán a cavar.

Caminamos entre el tráfico, bocinas, edificios que lloran sus
lágrimas de edificios. Cerca del Teatro Rex una japonesa nos
sonríe, mientras se deslizan bajo sus labios unas rojas luces,
formando para nuestros ojos la palabra Toyota.

EL POETA ES UN VIDENTE
ROMÁNTICOS DE SIEMPRE

EL POETA ES UN ARTÍFICE DE LA PALABRA
PARNASIANOS UNIDOS

EL MUNDO ES UN MISTERIO & LA POESÍA ES
MÚSICA
SIMBOLISTAS VANGUARDISTAS

ILUSIÓN DE PROGRESO & SEPARACIÓN DE LA
SOCIEDAD BURGUESA A TRAVÉS DEL ARTE
MODERNISTAS CONSCIENTES

EL POETA BUSCA VERDADES MÁS QUE BELLEZAS
GENERACIÓN DEL 98

EL POETA ES UN VIDENTE ENCEGUECIDO POR
SUS VISIONES
URRIOLA sola

Si pensaba que el futuro lo espera adelante,
vuelva sus ojos.

No tuve más que un cuerpo que apostarle a la vida.
Y lo voy a perder de todos modos.

Amada noche, por ti vuelco lo poco que poseo en mi
sombrero,
fútiles sueños refulgiendo en las enaguas del vacío.

Para que me mires con tu ojo alunado y me platees como
plateas a las olas.

Ojo que

Al futuro se le echa a perder la cadena y retrocede hasta la
bestialidad.

En la horma del zapato

se podría hallar tal vez la raíz
de la belleza.

Como quien se hubiese tragado un centenar de mariposas
que luego salen por la boca y se van volando lejos
como un pañuelo absorto en lágrimas.

En el lugar de una palabra, cobijé un nido de huevos de
mariposas.

Qué se hace con las estrellas que siguen brillando
con las aguas del delta y los ferris de los que nos escondimos
para que los turistas no vieran a dos mujeres desnudas
besándose en el río.

Con el sol, qué se hace con el calor del sol
y con los grillos, con los huevos de las ranas.

Con los milagros de la vida, ¿qué se hace?

Con ese prostíbulo del puerto donde reíste en mis brazos,
antes de llevarme a ese cuarto donde lo que no conquistó el
placer
se lo llevó el olvido.

Qué se hace con las despedidas,
con las maletas,
con los aeropuertos,
con los ascensores,
con los trajes tristes,
con la puerta de embarque,
con el surco de nube,
con el silencio del cielo.

Hubo un tiempo en que le delegué mi vida a dios.
Otro en que me fui de copas con el diablo.
Sufrí del síndrome del héroe y me olvidé de mí para seguir
viva.

Luché y fui vencida,
y le fui infiel a la vida, varias sábanas con la muerte.

Gané un par de glorietas que sólo conocieron las cuevas de
los que leen.
Luminosos amigos.
Varios gatos que llevo en el recuerdo,
y un perro como el de Unamuno
al que libré de escribir mi pulguienta suerte.

De esa crecida del río, los juncos, los huevos de ranas, los
cantos de los grillos y tu boca en mí, desatada.

Ella gira por la habitación, sus pasos son lentos, como cuando
se ha olvidado por completo el lugar donde se iba.

Se acerca a una mesita de luz, pasa los dedos, como quien
comprueba el polvo estelar del astro.

Va hasta la cocina, pone agua en la cafetera, su mirada se clava
en las hendiduras que han ido desdentando los azulejos.

Una telaraña se equilibra bajo la brisa cálida del calefón.

El café hierve. Apaga el fuego.

Saca una taza. Una taza que no elige.
La mira, comprueba que esté alba y amanezca.

Sirve el café en la taza de café.

No alcanza a imaginar la continuidad del paisaje detrás de los
edificios y esos cientos de ventanas atestadas de gentes más
muertas que un cementerio.

Toma su impermeable y sale rumbo al café.
Para terminar contigo, Prevert.

Et j'ai pleuré

No tener miedo de una paz colorida de lagartija al sol
Ni de los arrojos de cataratas
Ni de los caminos sin sendero
Ni de una sed de orilla
Ni de una noche sin grillos
Ni del abrazo que se olvida
Ni de la espalda emplumada
Ni de las calles y los delincuentes
Ni de los bancos y los delincuentes
Ni de los días inútiles
Ni de las tardes sin sentido
Ni de las noches paganas
Ni de mirarse al espejo y no hallar nada.

Una mujer con impermeable y zapatos de tacones altos cruza
la calle.
Su tersa mano de dedos largos sostiene, con la firmeza con
que se empuña la luna, un paraguas made in China.

Su presurosa silueta se refleja por instantes en un charco de
agua y aceite que bordea la acera.

Nada soy en su vida, salvo un ignoto testigo.

Yo,   podrías   marcharte.

Poesía ven a mi lado, pon tu mano en mi pecho
y háblame de tus ojos ciegos.
El camino nunca estuvo afuera y el viaje ha sido andariego.
Ha sido una lucha palpitante ver salir el sol todos los días,
como si el sol saliera.

La noche que el poeta William Osuna leía el poema a su madre,
mientras se rascaba la rodilla, yo recordaba a Irene.

Irene trabaja en un burdel de Caracas, tiene 50 años y es bella
como la muerte.

En el baño me contó que quería ser cantante, de eso sólo
queda la bola de espejos y una que otra canción que cantó en
mis labios.

Un reloj como un timón de barco colgado en la pared da las
4 y 25.

Ella lee a Silvia Molloy.
Afuera las alarmas del tren anuncian una nueva llegada y
los microbuses exhalan un silbido cansado y un motorista
irrumpe con el ruido ensordecedor de un tubo de escape
que quiere escapar.

Ella regresa a la terraza donde un pájaro y yo nos miramos,
apoya su mano en mi hombro.

De ella no me ha quedado más que el recuerdo de la mirada
de un pájaro.

Soy como una estrella. Mejor dicho soy como la luz de una
estrella muerta que todavía puede viajar y tocarte y darte una
luz que yo ya no tengo.

¿Qué podría entregarte que fuera más real que mi silencio?
Porque cuando te hablo, lo que sentí al pensar esas palabras
ya se ha marchado.

Por eso te doy mi silencio. Mi silencio es todo cuanto fui.
Y es mío.

Un poema no es ni más pequeño ni más grande que un
planeta.

Un planeta que aparece y desaparece
como aparecen y desparecen las cosas que viajan rumbo al
vacío.

Si usted piensa que es más que polvo,
es sólo cuestión de tiempo.

Cuando se escribe se sabe que se está de viaje, que no será
mucho el tiempo que se permanecerá en ningún lado ni con
las mismas gentes.

Cuando se escribe se sabe que la vida será a solas tantas veces
como lo quiera el camino.

Cuando se escribe se sabe que un día, se dejará de escribir.

Entonces las palabras tendrán el significado del polen.

Una vez escribí tanto que me quedé seca.
Escribí como si fuese a chocar de frente
contra una manada de trenes,
como si fuese a volar, como si pudiera desintegrarme,
integrarme, temerme y amarme.

Una vez escribí.

Hace tiempo de eso y seguramente ya nadie sabrá que escribí
como un enjambre de álamos.

Tal vez no lo sepas pero los árboles escriben,
basta dormir a su sombra como un queltehue
aunque los queltehues duermen tan poco como yo y de pie,
dando saltos.

Porque vivir es saltar.

Si no escribo las esporas de luz se marchan por la ventana y
no volverán.

Eso es todo lo que sé hacer, aguardar por palabras cuya
libertad es la fuga.

Como una tormenta, sabes.

Seguramente la has visto afuera, has sentido el grito
ensordecedor del trueno, la has visto arrojar encendidos
rayos hasta el suelo que han partido a gente en dos.

De pronto, alguien está en pleno campo pensando en sus
problemas y le cae un rayo y los problemas cesan. A un
caballo pastando. A un remador en medio de su canoa en
el río. A un barco azotado por las mismas olas que en otra
hora lo mecieron con la paz de la dicha.

Eso tengo, una tormenta dentro.

Me ha seguido un perro anochecido.
He acariciado su cabeza tiñosa,
porque toda cercanía contiene un riesgo.

Él me ha mirado con la dulzura con que se largan
los que han aprendido a cargar consigo mismo la vida entera.

Yo que pensé que no iba a tener nada y tuve a la poesía
que me dio más vidas que a un gato,
más olas que a un marco dorado,
más cielos que a una ventana.

Usted aparece un día de pronto, en medio de lo que antes era
nada.
Un día invariable del verano o del invierno.
Una tarde holgazana o una noche insalvable.

Usted de pronto, inesperadamente, como se estrella un pájaro
contra una ventana,
toma conciencia de que fue niño y que corrió por la vida a
tontas y a locas,
o simplemente se quedó mirándola en silencio.

La vida a veces te arrastra al lugar al que siempre has querido
regresar.

Es aquí donde quiero estar, a solas con alguien que debe ser
un yo lírico y que no tiene idea para qué sirve una taza.

Te quiero contar una historia, pero no será una historia a
cuerda.
Recuérdalo cuando me olvides junto con todas las veces que
te olvidas de ti.
Esta será una remembranza más.
Recuérdamelo cuando no tengas a qué volver,
porque hay cosas a las que no hay a qué volver.
Te lo digo cuando las hojas pueblen las ramas,
cuando la sombra húmeda del atardecer comience a regar la
noche del patio 29, donde los que buscamos no están.

Cuando la gente baila los pies se mueven solos, y aunque no lo quiera, se mueven solos.

Esa canción que pusiste en el *wurlitzer* de la quinta de recreo me recordó a mi padre.

Mi padre tenía el pelo lustroso y negro, peinado hacia atrás como su risa.
Vestía trajes de moda y pantalones con la línea bien planchada que mi madre se encargaba de delinear, zapatos más brillantes que un relámpago.

Cuando mi padre bailaba todo era bello, por eso se ganó el corazón de mi madre, la hizo reír tanto como llorar.

De esa pena y de esa risa estoy hecho yo.

En estos días inservibles
en que prefiero ser disidente de la rutina
como una nube de la tormenta
puedo sentir la casi certeza
de que una vez la lluvia te hizo pensar en mí.

Ser nadie lleva su tiempo.

La belleza lozana de la juventud es la primera en marcharse, luego se marchan los miedos, las penas, los recuerdos, los fracasos.

Cuando se está siendo nadie no hay sitio para cavilaciones intrascendentes.

Ser nadie requiere serlo todo el tiempo.

Luché contra el olvido, hice combinaciones y golpes de engaño,
acerqué mi pie y el guante izquierdo para desestabilizarlo.

Busqué –como se busca lo que jamás se halla– el mentón de
mi adversario.

Pero el olvido sabía exactamente la diferencia entre un "jab"
y un "straigth left".

Y en pocos minutos yo estaba en la lona, olvidada.

Era sola y sola me fui quedando.
Como una flor encerrada en una bola de vidrio.

Tuve poco porque la soledad requiere poco.

Comí sola en incontables sitios y encontré dulces besos en
camas a las que jamás regresé.

Como un perro sin dueño volví la vista atrás,
pero el olor del camino siempre me quiso despoblada y vacía.

Porque un instante que me ha abandonado hace más de un par de décadas, la hallé en el país del horror, abierta como flor del aire y la hice mi hogar bajo los pies, mi puente sobre el abismo, mi parnaso sinsentido, mi luz, mi lorquiana luna, mi hernandiana pasión, mi amante, mi roca de Leúcade, mi brazo doblado a la vida, mi escupir al cielo, mi ojo nómada, mi pena, mi risa, mis brindis, mis ladridos a los astros nadando en el vacío, mis vueltas en círculos, mi morderme la cola, mi arrepentimiento, mi culpa, mi acierto, mi lápiz de arena, mi paraíso recobrado, mi cementerio, mis pulgas, mis tres esquinas, mi sombra, mi valle, mi camino, mis dedales de oro, mi silencio sauce, mi danza de álamos, mis zapatos sin tacos, mi grillo cojo, mi mariposa manca, mis pedregosos años, mi catarata, mis olas, mi espuma, mi bote naúfrago, mi pez alado, mi escama, mi corazón, mi estrella de nueve puntas, mi pacífico océano, mi canto de ballena, mi Cruz del Sur, mis Tres Marías, mi siglo de guerras y hambre, mi ansia de pluma en el viento, mi sol poniéndose en el hombro de una anciana, mi duda, mi sorda y disléxica experiencia, mi rana en el árbol, mi tropezón, mi imperdible, mi cucharita de café de Prévert, mis campanas de Apollinaire, mi muleta con ruedas, mi tos, mi cigarro, mi carrusel, mi agujero sin cabeza, mi estampida, mis libros, mis piedras, mis cosas inservibles, mi ironía, mi hacerme a mí misma con cada palabra, mi privilegio, mi elección sobre tantas para recoger unas pocas, mi determinación, mi gozo, mi dicha.

Puesto que hallé a la poesía no me dediqué a atender más señor que mis versos, ni me doblegué a una vida cacofónica, ni acumulé quejas de terno gris, ni apremios de ambulancias, ni dejé de saltar cercos, ni los años me han impedido seguir abrazando árboles, ni las paredes del saber me han dificultado mirar el cielo, ni me obnubiló lo visual, ni la sonoridad, ni la composición, ni fui valiente y no escribí, ni fui cobarde y dejé de hacerlo, ni culpé a nadie de mi suerte, ni me creí *genius* ni profeta simbolista, ni concerté más cita que con la fugacidad, ni escribí lo que no quise, ni me apoltroné en la comodidad del temor, ni me frenó la mudez, ni los minutos de gloria de una elite más triste que mil mudos, ni las apariencias se adueñaron de mí, ni gané ni perdí nada que pueda llevarme a la tumba, ni renuncié ni fui ascendida, ni partí ni he regresado, ni marqué mis pertenencias pues nada me ha pertenecido con la salvedad de algunos instantes que he vivido o he leído, ni temí a la interrogación retórica, ni al camino cuando se bifurca, ni al Tártaro, ni al Hades, ni a la congoja, ni al tedio, ni senté a la belleza en mis rodillas para injuriarla, ni he olvidado mi naturaleza por más hermosa que fuese la jaula.

Si escribo lo hago para transitar por el instante, retener su partida un poco más, afinando la oreja del ojo en ese breve periplo de presencia, pues cada palabra que se escribe y se piensa en el futuro retornará al pasado y vice/versa. Si escribo es porque los instantes me aguardan de la misma manera en que yo los aguardo a ellos, que habitan cerca, al borde de nombrarse. Tratar —no digo que lo consiguiera alguna vez— pero tratar de descifrar el misterio que es para mí la ancha vida, (tal como quien escribe y mi especie debe serlo para ella) ha sido el objeto de mi deseo. Al momento del hallazgo, en que la poesía emana frente a los ojos panópticos y ciegos, y se logra vislumbrar su efímera presencia, le he concedido la total importancia de mi existir. En esos instantes me hallo ante la compresión más o menos incierta, y errónea por cierto, de lo que podría siquiera llegar a "ser" la poesía y lo que ella hace con una vida cuando se acerca estremecida en carne de instante.

Un vidrio es una cosa
que un pájaro jamás
podría imaginar

De día escribo para ganarme la vida y de noche para ganarme
la muerte.

Como se marcha a veces una de una misma, como cuando después una se encuentra y se olvida.

Escribir es encontrarse y perderse al mismo tiempo.

Se escribe porque la vida nos sobrepasa.
Nos abrasa, nos catarata, nos superpone, nos liquida.

A veces se cae un poco todos los días,
aunque se disloque el cielo una pata y le veas su ojo,
a veces cerrado, a veces abierto de satélite bizco.

¿Cuál es el sentido de un árbol en un macetero,
de un buzón sin cartas,
de un riel con una cuerda en el fondo del mar?

¿Existirá un lugar en donde sigan habitando los días que se
han ido?
O las cosas que mueren, mueren, como cuando un pez
cae ingrávido hasta el fondo o a un zorzal se le detiene el
corazón y la rama ya no puede sostenerlo.

Para qué desear nada en una vida que se está yendo
constantemente, como los ojos de las flores cuando las
miras desde el centro de un tornado.

Perderse en el vacío es una fragilidad para quienes flotamos
en él.

Tú dices mantener los pies en la tierra. ¿Cuál tierra?
¿Te refieres a este grano de arena que flota a la deriva de la
fragilidad?

Ser frágil es andar con el corazón de un clavel del aire.

La cabeza nunca está bien puesta en ninguna parte.

En ninguna parte una cabeza bien puesta se posa en parte
alguna.
Aunque la inclines como un pájaro y aunque cierres las
membranas, aunque las cierres, si la acercas, si buscas cobijo,
si te atrae un reto, un embrollo, una pasión, una idea, habrás
perdido la cabeza por algo, entonces ¿dónde tendría que
estar la cabeza?

Voy y vengo de mí misma como el viento

Qué es un poeta, sino un sombrero.

Alguien nos tomará y lucirá un tiempo. O tendremos la
fortuna de afear una cabeza de cabellos indómitos.

Alguien nos arrojará de un tren de esclavos.

Mejor, háblame de dedales de oro y del camino.
Eso que un día acontece como un poema, Diva Plotina,
en mitad del asfalto, como una luz incandescente en medio
de la mediocridad.

Como la garra de león saliendo del corazón de la roca, cerca
de Tres Playitas, donde el mar con el desierto hablan de cosas
sedientas.

Háblame del río antes que lo sequen.
Cuéntame cómo era su corriente desbocada y qué callaban
las piedras.

Te pregunto mar, cómo no arrebatarse, no apasionarse, man-
tenerse calmo y no elevar las olas aunque me empuje el viento
y no rogarle a la roca ni romperme, no besar su orilla, no aho-
garla por la noche y retirarme por la mañana, parecer como
tú, de todos, y no ser de nadie.

Cuando hubiese querido ser un árbol, enraizarme hasta lo más
profundo, mantenerme sola y aferrada a una calma desespe-
rante, aunque el viento sacuda estas ramas y los pájaros se po-
sen en mí y mantener el peso de sus cuerpos, sabiendo que
habrán de irse, y no desear volar detrás de ninguno de ellos, por
el contrario, mantenerme erguido y leal a mi sombra.

¿Dónde se van los días, cuando se van?
¿Bajo qué rayo de luz puedo ver sus esporas marcharse, esos pálidos días en que no vivimos?

He bebido de muchas copas.
Me he desnudado y me negado a quitarme el abrigo.
Tantas noches me han encendido y otras me han apagado.
No tengo idea de por qué he amado o dejado de amar.
No tengo idea de por qué un día o una noche, un sueño
extraño y litoral me conduce a la calle.
Sólo sé que quedarme sería dejar de escribir para dedicarme
a los asuntos de otras vidas.
No soporto la cortedad de la vida.
Quiero escribir que es exactamente lo mismo que vivir.

No entres a esta casa donde la pena inunda
y la noche no termina,
las cañerías se rompen y la llave llora sobre los platos,
un lago donde cantan las ondinas, hay tanta agua agua
que los ríos que otros se roban, me la envidian,
el mar se agita celoso y la luna me mira mira.

Llévame a la montaña más alta, mi niña,
ahí se quedó esta alma prendida de las espinas.

Tengo miedo de sauce y no quiero que tus aguas me arrastren.
No podría golpearse contra una piedra más, esta vida.

Al poeta Andrés Mejía

Quisiera escribirte un poema que refulgiera como una
estrella cuando muere, que dejara una estela de luz.
Que aunque pasen mil años pudieras ver morir.

Cuando no importe quién fui, más que para tu recuerdo.
Cuando no importe quién fuiste, más que para mi recuerdo.

Nunca esperes por un poema.
Cuando un poema se ha ido jamás regresa.

Escribir como quien inicia una travesía en el mar sin haberlo navegado nunca, sin haber estado más profundo que donde tus pies tocan la arena.

Me arrojé a un mundo desconocido y vivo sin saber nadar.

Esta fue quizás mi única valentía y el más delicioso de mis atrevimientos.

¿Sabes qué es la pena?
Mira hacia el norte. Mira al sur. Mira el pasado y mira el
presente. Esa es la pena.
De araucarias tenemos pena, de devastación y ambiciones
miserables, de los pescadores que reparten sus peces entre
los que nunca tuvieron ni tendrán nada. Pena de ancianos
sin casas, de desaparecidos.

Y con esa pena juegan los niños,
y se pierden los perros y los gatos
y la mesa donde se entibiaba el té, cuando pensábamos que
un día se iría
la pena.

Yo me fui mucho antes, a tientas y perdida.

Tanto quería alejarme que me ha partido el día
en dos partes iguales de fiebre y despedidas.

No nací para quedarme en más vida que la mía,
ni para darte lo que no te daría.

Llevo un poncho de noche y una soledad de espinas.
Puedo besarte el alma pero jamás me quedaría.

Me esperan los rosales, las moras, las ondinas,
la suerte de los perros, los chaguales, las estrellas marinas.

Yo no nací para quedarme, vida de mi vida.

Soy como una estrella. Puedo alumbrar tu vida sin que lo sepas. No importa sino me distingues entre las otras estrellas. No importa si soy gigante o tan diminuta que me verías brillar en la palma de tu mano, si la abrieras.

Esa noche que bailábamos la balada azul de Miles Davis,
el país se caía a pedazos
y por no llorar, destapamos una botella de vino y bailamos.

Habían vendido el país con nosotros dentro
y en unos años seríamos sus esclavos.

Sabiendo que era el fin, bailamos.

Como cuando secan los ríos y la tristeza escurre y resquebraja, las piedras que se quedan tan lejos unas de otras.

Sigo escribiendo cosas que se pondrán amarillas, abro los ojos y la vida prosigue bárbara, medieval, bella y momentánea.

Allí donde las aguas cantaban, talan las sierras cortando lo que no ha de volver a crecer. ¿Y la sed? ¿Qué haremos con la sed?

Ya no volveré, pero no decaigas los párpados como la cortina
de una ferretería de barrio.

No tengo más que un silencio de nieve.

Ya no espero por nada que no sea yo.

Yo es una manera de decir que fui –alguna vez– mi jaula y
mi cielo.

Las cosas están hechas de detalles. Son los detalles los que hacen a una flor frágil o salvaje, tú les dirás espinas, también en otro extremo son heridas. La gente puede con total desgano, matar a una mariposa nocturna, si envidian las alas o les aterra el fulgor del vuelo.

No me busques donde ya no estoy, y no creas conocerme porque estuve un tiempo a tu lado, poesía.

Alguien dice aló y habla de un negocio poco redituable, los perros ladran a un joven que pasa en una moto, los automóviles llevan gente desconocida.
Las ventanas guardan gente de pie, sentadas o fumando en el balcón de esos nichos humanos.

Una dama de la noche perfuma los postes del alumbrado y los cables se mecen levemente desequilibrando a un pájaro con mal genio.

No pierdo las cosas. Las cosas me pierden.
Para ser caminante se requiere poco.
La pasión de las piedras por el silencio.
Las cosas no me pierden. Soy yo, que como una silla me
tropiezo.
Un día parto como los perros detrás del camino.

Me llaman el olor del mar, la vieja línea de algún tren, el
hinojo creciendo bajo un durmiente, una liebre encandilada
en mitad de la noche, una lluvia en un pueblo olvidado
como se olvidan las cosas que amamos.
¿Has escuchado a Nina Simone?
Tomorrow is my turn, canta su voz temerosa de una vida a solas.
Tomorrow is my turn, las lágrimas de los pájaros las seca el vuelo.

Ya no tengo tiempo para esperar por nada que no sea yo, porque me he perdido tantas veces de mí, siguiendo a alguien o esperando por algo. Podría decir que las veces que he vivido intensamente no lo esperé, cuando amé y me amaron no lo pensé, me arrojé como una piedra se arroja al fuego.

No tengo corazón para nada más.

Como si fuese a cruzar un umbral, me anticipo o proyecto y,
como he sido condenada a asentir, *delete*, no asiento.

Me canso y me recuesto en las piernas de la dama.

Voy a traspasar una puerta. Otra más.
Han sido tantas.
Un paraguas de agua. Un grifo sediento.
Esa autopista que hace unos años fue un campo de álamos.

Las cosas cambiaron entre ayer y hoy.

Soy un árbol y voy a salir a caminar.

Sólo el viento preguntaría de dónde viene una. Después de empujarte a la niebla y perderte donde el espesor húmedo de una densa nube lo fue todo. Y aún así, seguir caminando en el efluvio que impensadamente se disipa hasta que quedamos solos y expuestos, extraviados en la luz del día.

Como las nubes cuando se condensan en fragmentos para luego volverse el cielo mismo. Sé que tratas de atraer mi atención, pero mi atención es volátil, cualquier cosa puede distraerla, la voz de una mujer, el llanto de un niño, el relator de fútbol en la radio, el sonido del agua al golpearse contra las bases de un puente o Evans o Baker o Miles o Alice Coltrane.

Sobre el puente de Boston vi hace tiempo a la luna brillar como si hubiese vencido al reflejo del río.

Siempre me estoy despidiendo, me sorprendo yéndome, cuando llaman quisiera cortar y regresar al silencio, que es como volver a casa.

La muerte de mi madre me ha dejado sorda, por eso
escucho a Beethoven, en ambos llueven sonidos que jamás
podríamos imaginar.
¿Conoces el sonido de una madre yéndose?
Una tenca canta y su garganta se infla y su cola de avión
inclinada recta y lista para emprender el vuelo, me trina
cosas que no comprendo, inclino la cabeza y la miro de lado
tal como ella me mira. Algo dice apuntando a las montañas
y se va en el aire como un ropero. Será que una madre que
escuchaba música am todo el día y cantaba tanto como esta
tenca, se habrá ido volando y yo que la abrazaba no escuché
el trino, ni el vuelo.

He lanzado una piedra al fondo de mí.

En el fondo también soy la piedra.

Estoy temblando.

Estoy mojada y temblando.

*Mis agradecimientos al artista plástico Mauricio Garrido y
a la cuidada edición y diseño de Rosana Espino.*

MALÚ URRIOLA
(Santiago de Chile, 1967)

Es autora de los libros de poesía: *Piedras rodantes* (1988); *Dame tu sucio amor* (1994); *Hija de perra* (1998), reeditado en 2009 en Venezuela y 2010 en Argentina); *Nada* (2003); *Bracea* (2007); *La luz que me ciega*, en coautoría con la fotógrafa Paz Errázuriz (2010); *Las Estrellas de Chile para ti* (Antología, 2015).

Ha participado en congresos nacionales e internacionales de poesía, y sus textos han sido recogidos en diversas antologías, entre ellas: *Antología de la poesía latinoamericana del siglo XXI. El turno y la transición* (México: Siglo XXI Editores, 1997); *Cuerpo Plural. Antología de la poesía hispanoamericana contemporánea* (España: Edición del Instituto Cervantes y Pretextos, 2010).

Ha recibido los siguientes premios: 2002, Beca del Fondo de Desarrollo de las Artes y la Cultura (FONDART), para realizar el proyecto poético de intervención urbana *Poesía es +: Lectura de poesía desde globos aerostáticos*; 2004, Mejores Obras Editadas del Consejo Nacional del libro, con el libro *Nada* y Premio Municipal de Poesía; 2006, Premio Pablo Neruda por su trayectoria poética; 2009, Beca John Simon Guggenheim.

En 2013 es invitada por la Universidad de Harvard al seminario TRANSVERSAL: A Latin American Poetry Lab at Harvard | Woodberry Poetry Room, a leer su poesía traducida al inglés por la crítica literaria y traductora Anna Denny.

En 2015, *La Luz que me ciega*, trabajo multimedial de fotografía, video y poesía realizado junto a la fotógrafa Paz Errázuriz (Premio Nacional de Artes Plásticas, 2017), es expuesto en la Bienal de Venecia, Pabellón de Chile.